Martine Baumgartner

Une année de danse

Photographies : Frédéric Chéhu

À Solange Golovine et Monick Hilz,
merveilleux professeurs qui m'ont tant appris avec cœur, passion et générosité.

FLEURUS
www.editionsfleurus.com

sommaire

la première année de

Depuis la rentrée, Estelle, Louise, Paola et Luna sont inscrites au cours de Martine. Elles se retrouvent chaque mercredi après-midi, avec six autres élèves, pour une initiation à la danse classique. Avec elles, depuis la première leçon en septembre jusqu'au gala de fin d'année en juin, tu vas vivre les moments forts d'une première année de danse.

danse

Lorsque l'on s'inscrit dans un cours, on connaît rarement les autres élèves. On est donc un peu intimidé, on s'imagine que les autres en savent déjà beaucoup, qu'ils dansent très bien, qu'ils sont tous amis… Détrompe-toi ! Tout le monde est à égalité devant le professeur et pour tous les enfants, la première année de danse est une découverte. Il suffit ensuite de quelques séances pour faire mieux connaissance.

Les premières leçons ne sont pas toujours faciles et il faut faire des efforts pour bien réussir les exercices. Mais quel plaisir de faire des progrès ! Réussir un pas nouveau, exécuter un joli port de bras, la perspective de monter sur scène pour le gala de fin d'année, tout cela donne des satisfactions et l'envie de continuer.

Enfin, la meilleure des motivations, c'est d'aimer danser ! Et pour savoir si cela te plaît, il faut essayer…

bienvenue à l'école de danse

En septembre, l'année de danse commence. Lors du premier cours, chacun se présente par son prénom et très vite, on fait connaissance. Puis Martine indique aux élèves la tenue qu'ils doivent acheter, quels chaussons choisir, etc. Ensuite, au fil des jours, les enfants prendront des habitudes : arriver bien à l'heure au vestiaire pour se changer en bavardant, se coiffer avec l'aide des mamans, saluer le professeur, prendre place dans le studio… Chaque semaine, quelle joie de retrouver ses amis pour un nouveau cours de danse !

au vestiaire

Au vestiaire, on peut bavarder et rire tout en se préparant. Ensuite... plus un mot tout au long de la leçon ! Louise et ses amies en profitent pour parler de leur tenue.

Il n'est pas utile de posséder plusieurs tenues lorsqu'on débute. Toutes les élèves du cours de Martine portent une tunique moulante de couleur claire et un collant rose, les garçons, eux, revêtent un collant noir et un tee-shirt blanc. Le professeur a imposé un modèle identique pour tous. Cette tenue ajustée lui permet de vérifier que les élèves exécutent correctement les mouvements.

En hiver, s'il fait froid, les élèves peuvent porter un cache-cœur et des jambières en laine. Cela permet aux muscles de s'échauffer plus rapidement. À mesure qu'elles progresseront, Louise et ses amies pourront enrichir leur panoplie de danseuse.

Jambières

Cache-cœur

Tunique à jupette

Tunique à jupon

le tutu

Depuis le ballet au temps de Louis XIV, le costume des danseuses a bien changé. Les jupes ont raccourci et les tissus sont plus légers.

Le tutu est fait de volants de tulle superposés. À l'origine, il couvre les jambes jusqu'à la cheville. Il va se transformer au fil du temps, pour mieux mettre en valeur la technique des jambes et la silhouette de la danseuse. Du tutu long de l'époque romantique au tutu court « à plateaux » du XXe siècle, le tutu reste, avec les pointes, l'emblème de la ballerine.

Tutu à jupon rose

Tutu à jupon bleu

Tutu à plateau blanc

Tutu à plateau rose

En 1832, Marie Taglioni, danseuse à l'Opéra, interprète « La Sylphide ». Elle porte une robe aux jupons de gaze avec un corsage ajusté et dépourvu d'ornement. Ainsi vêtue, la ballerine paraît aérienne et presque immatérielle.

Le bustier (corsage)
La jupe (volants de tulle superposés)
La trousse (ou culotte)

les pointes

Paola rêve du jour où elle chaussera des pointes, qui vont si bien avec un tutu... Mais pour cela, elle devra attendre d'avoir au moins 11 ans. Une danseuse professionnelle use beaucoup de pointes (parfois 2 à 3 paires par semaine)...

Comment nouer les rubans

1

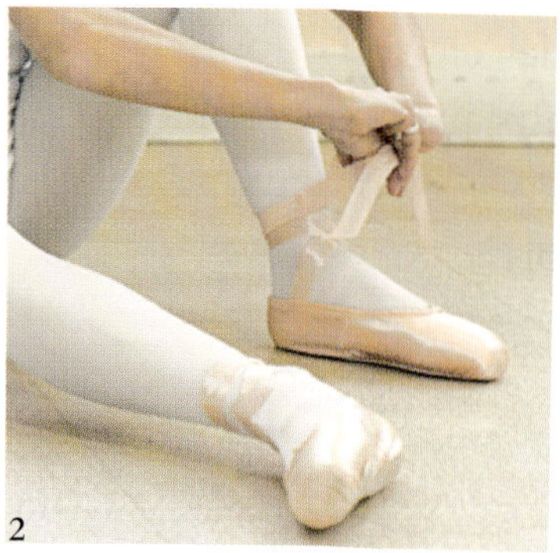

2

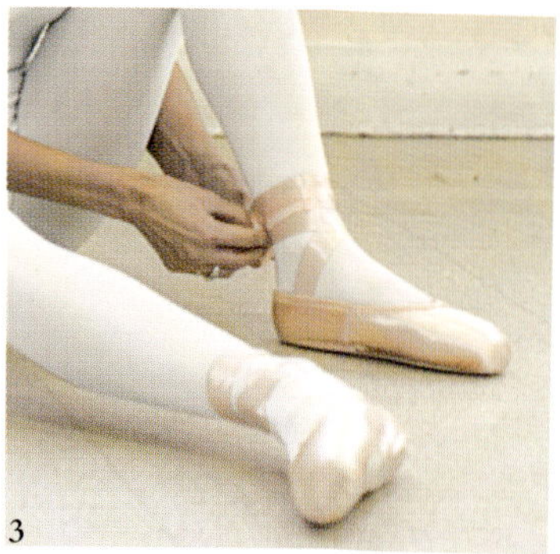

3

Tenir sur pointes fait parfois souffrir les pieds ! Pour protéger leurs orteils, les danseuses peuvent mettre des protèges pointes dans leurs chaussons.

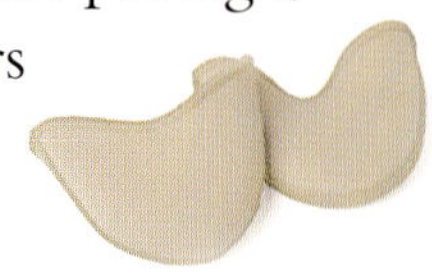

C'est la danseuse Marie Taglioni qui, en 1832, a renforcé le bout de ses chaussons pour se maintenir plus facilement sur les pointes et donner ainsi une apparence aérienne à ses déplacements dans le ballet La Sylphide.

les chaussons

Paola rentre bien les petits nœuds à l'intérieur de ses chaussons.

Les demi-pointes sont des chaussons souples en toile, en cuir ou en satin. On y coud des élastiques pour les maintenir aux pieds. La semelle est parfois divisée en deux parties (on dit : bi-semelle) pour que le chausson soit plus souple.

Comment coudre les élastiques

Replier l'arrière du chausson sur la semelle pour placer correctement l'élastique.

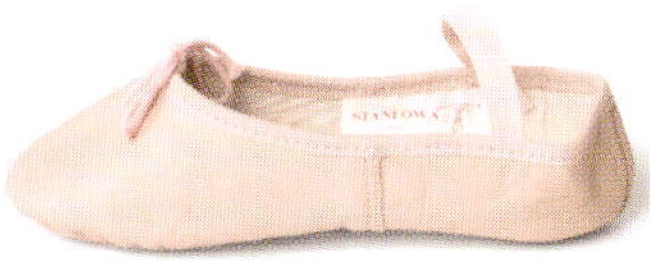

Coudre l'élastique à l'intérieur de chaque côté de la pliure. Les élastiques peuvent aussi être croisés sur le cou de pied.

Attention, il est impossible de récupérer le cordonnet lorsqu'il ne dépasse plus, aussi ne tire pas trop dessus. Si tu le serres trop, tu risques de te blesser au-dessus du talon.

Paola est allée essayer ses chaussons dans un magasin spécialisé : les demi-pointes doivent être bien ajustées sans pour autant forcer les orteils à se recroqueviller. Quand ils seront sales, elle en changera. Il ne faut surtout pas les laver pour ne pas les déformer.

la coiffure

Louise et Paola sont habillées, la leçon va bientôt commencer… mais il faut encore qu'elles se coiffent avant de quitter le vestiaire. Pour le cours de danse, les cheveux doivent être très soigneusement attachés.

Même Louise, qui a des cheveux courts, porte des barrettes pour dégager son visage et éviter qu'une mèche indisciplinée ne vienne la gêner au cours d'un mouvement. Cela risquerait de la distraire !

Réaliser un chignon torsadé

1

2

3

4

5

6

7
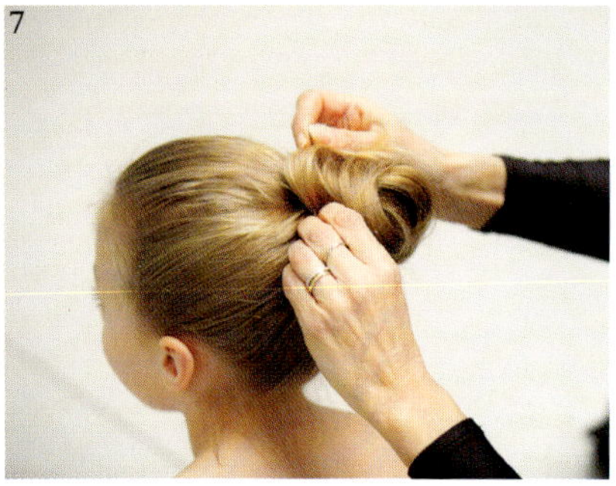

Réaliser un chignon tressé

1

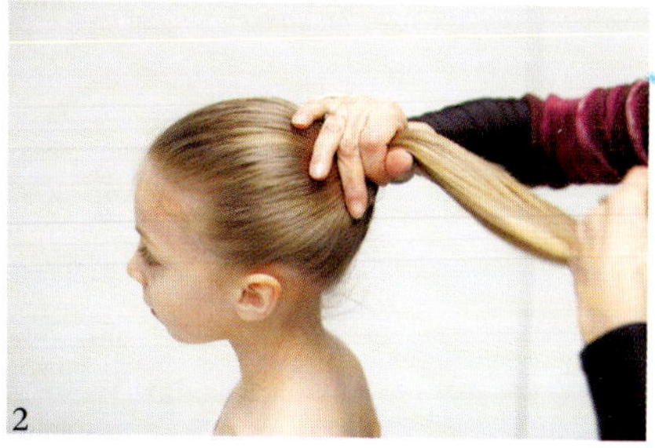
2

3

4

5

6

7

8

Estelle a les cheveux longs : heureusement, sa maman peut l'accompagner au vestiaire pour réaliser son chignon. Une brosse, des élastiques et quelques épingles à cheveux, voilà de quoi dompter toutes les chevelures !

Le chignon est une coiffure idéale car il tire bien les cheveux en arrière et souligne un joli port de tête. Mais il en existe bien d'autres. Martine permet à ses élèves de se coiffer comme elles le souhaitent… mais attention : pas de mèches rebelles !

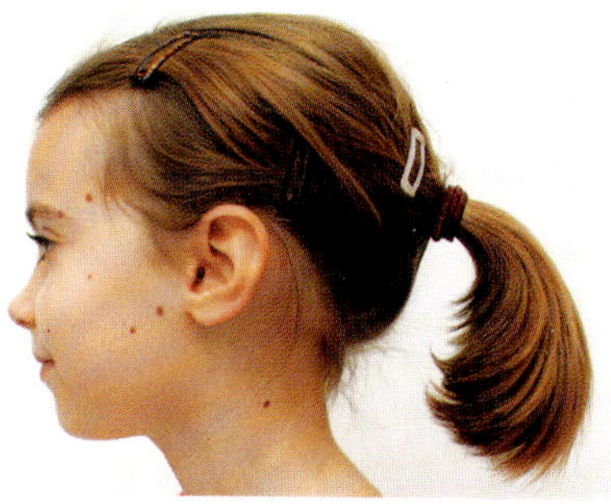

les bons réflexes

Estelle a emporté une petite bouteille d'eau et une barre de céréales. Il faut manger avant l'effort pour faire provision d'énergie et se réhydrater après la leçon.

Louise ôte son bracelet.
Afin d'éviter toute blessure involontaire, les élèves ne conservent en effet ni montre ni bijoux pour danser.

Boire beaucoup d'eau permet d'éviter les crampes.

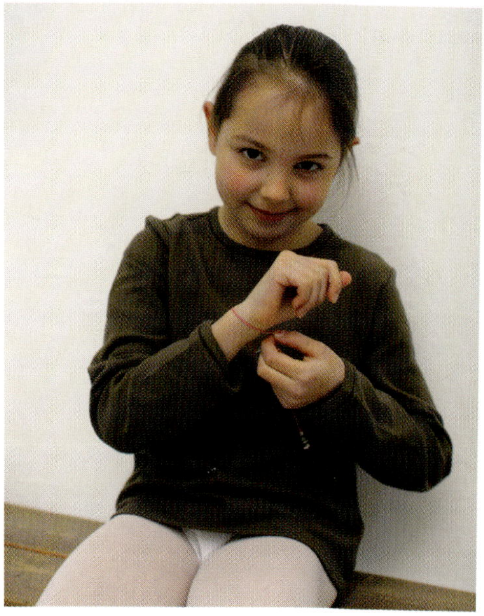

Pas de bijoux pour danser !

N'oublie pas de laver ta tenue entre chaque cours et de vérifier que les élastiques et les rubans de tes chaussons sont toujours bien fixés.

Les essentiels

Dans ton sac de danse, il y a :

- une paire de collants,
- une tunique,
- une paire de demi-pointes,
- un cache-cœur ou un vêtement chaud,
- une brosse à cheveux,
- des barrettes et des élastiques,
- une barre de céréales,
- une petite bouteille d'eau.

Tout le monde est prêt ?
Les élèves suivent Martine, leur professeur, dans la salle de danse.

le professeur

Martine est le professeur de danse. Comme Louise, Estelle et Paola, elle a commencé la danse classique lorsqu'elle était petite fille. Très tôt, elle a choisi d'en faire son métier. Si toi aussi tu as envie de faire carrière dans la danse, tu dois être persévérante : une dizaine d'années d'exercices quotidiens sont nécessaires à la formation d'une danseuse professionnelle.

Pour enseigner la danse, il faut être titulaire du D.E (Diplôme d'Etat). Beaucoup de professeurs sont d'anciens danseurs professionnels qui ont d'abord fait carrière dans une compagnie de ballets. Leur expérience de la scène leur permet d'aider leurs élèves à mieux traduire leurs émotions à travers la technique.

le studio

La salle de danse s'appelle le « studio ». C'est un vaste espace vide avec des barres en bois et tout un mur tapissé de miroirs. Le sol n'est pas glissant et il est en plancher, parfois recouvert d'un épais tapis plastifié conçu spécialement pour la danse. Cela facilite le rebond et amortit la réception des sauts.

Les miroirs permettent aux élèves de vérifier la justesse de leurs attitudes et de les corriger si nécessaire.

Parfois, il faut oublier son reflet dans le miroir. Pour cela, on tire des rideaux devant les glaces. C'est particulièrement utile lors des dernières répétitions avant le gala de fin d'année lorsqu'on doit bien se préparer pour la scène.

La barre permet de bien conserver son équilibre pendant les exercices. Les élèves se tiennent suffisamment éloignés les uns des autres pour ne pas se gêner lorsqu'ils lèvent une jambe ou se penchent en avant.

Dans tous les studios,
on trouve un bac de « colophane », une poudre un peu collante : les élèves peuvent en enduire leurs chaussons pour ne pas glisser.

La colophane est faite de cristaux de résine de pin écrasés.

Les barres sont réglables en hauteur pour s'adapter à la taille des élèves.

Pendant le cours, tous les exercices se font en musique (piano ou enregistrements). Martine aide les élèves à suivre le rythme en scandant les temps à haute voix : « 1-2-3 et 4, 5-6-7 et 8 et 1-2-3 et 4… »

la leçon de danse

Peu avant les vacances de Noël, le cours est ouvert à tous ceux qui souhaitent y assister. C'est la journée «portes ouvertes». Parents, frères et sœurs, mais aussi amis viennent nombreux. C'est l'occasion de découvrir le déroulement d'une leçon de danse. L'année précédente, c'est en assistant à ce cours public que Louise a eu envie de faire de la danse classique. Aujourd'hui, comme tous les élèves de Martine, elle est fière de montrer ses progrès.

quelques bases

Le cours d'Estelle et de ses amies dure une heure. Il commence par des exercices au sol et se poursuit par les exercices à la barre, puis au « milieu » (au centre de la salle). Quand les élèves seront plus confirmés, le cours débutera directement par les exercices à la barre. Pour mieux comprendre la leçon de danse, voici quelques bases...

À la fin du cours, les élèves feront quelques exercices d'étirement au sol.

Le placement, c'est la position correcte du corps qui permet d'exécuter des mouvements justes sans se fatiguer inutilement.

Sais-tu que tous les danseurs professionnels, même les étoiles, continuent à s'exercer quotidiennement ? Ils vont chaque jour « prendre la classe » pour entretenir leur forme physique et continuer d'améliorer leurs performances.

Attention, l'en-dehors vient de la hanche.
Ne force pas sur l'ouverture de tes pieds
et ne les tourne pas vers l'extérieur plus
que le genou : tu risquerais de te faire mal !
Surtout, pas de raideur, ni de crispation :
il faut respirer pour danser souplement.

Paola en 6e position (position naturelle)

Paola en 1re position (en-dehors, les jambes peuvent s'ouvrir jusqu'à former un angle de 180°)

L'en-dehors est la base de la danse classique. Il s'agit de tourner l'articulation de la hanche vers l'extérieur : ainsi, toute la jambe s'ouvre « en-dehors ». C'est grâce à ce mouvement que les danseuses lèvent aussi haut les jambes !

Les cinq positions

Il existe cinq positions de pieds et cinq positions de bras. Tous les pas commencent et s'achèvent par l'une de ces positions.

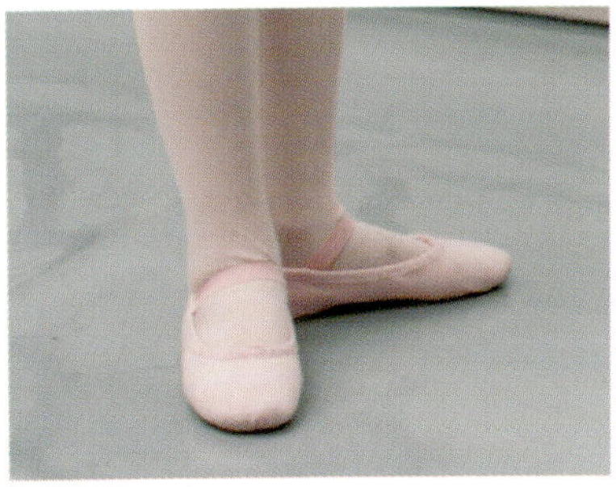

1re position : pieds et jambes sont ouverts en-dehors, les talons se touchent.

2e position : les pieds restent sur la même ligne, mais sont espacés.

3e position : les pieds sont l'un devant l'autre ; on place le talon au creux du pied.

4e position : c'est une 3e ou une 5e position dans laquelle les deux pieds sont espacés.

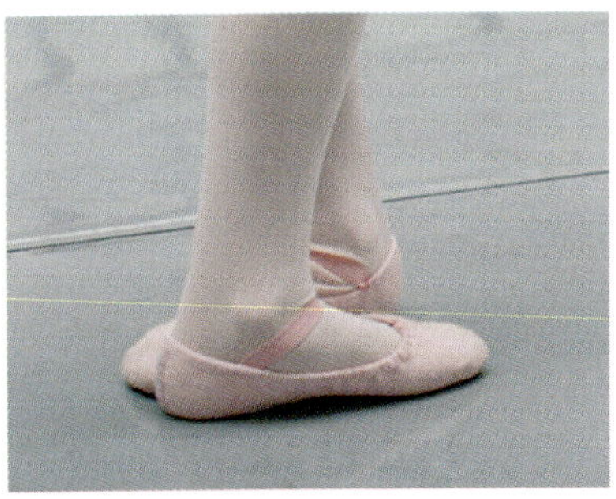

5e position : les pieds sont croisés l'un devant l'autre ; on place le talon contre le gros orteil.

La pointe tendue allonge le pied jusqu'au bout des orteils sans les crisper.

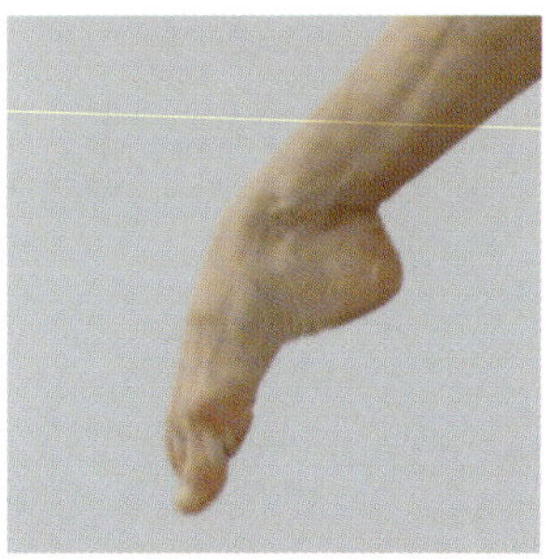

1re position : les bras sont arrondis devant, les deux mains légèrement espacées placées à hauteur du nombril.

2e position (ou seconde) : les bras sont allongés sur le côté, les mains légèrement en avant des épaules, les coudes sont souples, mais soutenus.

3e position : l'un des bras est en seconde et l'autre en 5e position.

4e position : l'un des bras est en 1re et l'autre en 5e.

5e position : on l'appelle aussi « couronne » car les deux bras encadrent la tête ; les deux mains ne se touchent pas.

Le placement de la main est très important : les doigts sont allongés souplement, le pouce à l'intérieur et le majeur légèrement rentré. Il ne faut pas les écarter.

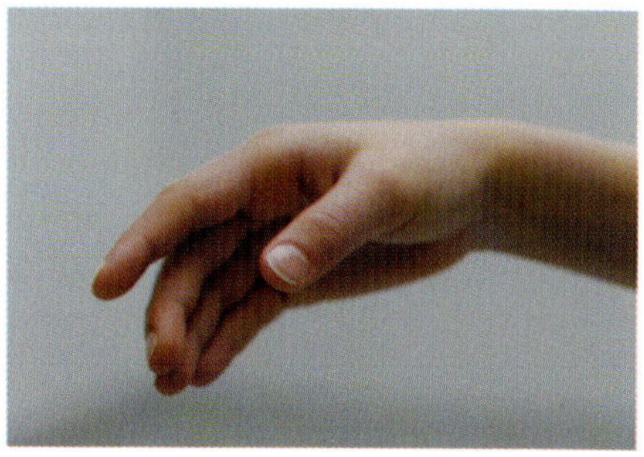

les exercices au sol

Pour commencer la leçon, les élèves s'assoient face aux miroirs, bien alignés et espacés pour ne pas se gêner. Les exercices au sol servent à maîtriser la tenue du dos, à assouplir les articulations. Ils préparent aux exercices à la barre.

Paola fait un exercice d'« isolation » de la tête : celle-ci s'incline sans que le reste du corps ne bouge.

Estelle travaille le placement du dos : il est allongé, bien plat puis, mains au sol, elle étire la colonne vertébrale.

Louise travaille l'articulation de la cheville : pointe tendue puis pied « flex ».

Les exercices à la barre

Les élèves vont ensuite travailler à la barre. Cela sert à échauffer les muscles, à contrôler le placement et à améliorer l'en-dehors. Chaque exercice se fait à droite, puis à gauche de façon à bien travailler les deux côtés du corps.

La barre t'aide à conserver ton équilibre. Cependant, ta main doit rester légère : il ne faut surtout pas « t'accrocher » à la barre.

Luna est prête à commencer les exercices : sa main est placée sur la barre en avant de l'épaule, le coude légèrement plié.

Les pliés permettent de commencer à s'échauffer en douceur. On trouve le plié dans tous les pas, c'est ce qui rend la danse fluide.

Demi-plié en 1re position

Grand plié en 1re position et grand plié en 2de position (les talons restent au sol)

Battement dégagé à la 2de : la pointe reste au sol.

Le battement est un mouvement de la jambe tendue : le pied glisse sur le sol pour aller se tendre devant, ou à la seconde (sur le côté) ou derrière.

Battement jeté : la pointe quitte le sol et la jambe s'élève à mi-hauteur (petit battement) ou beaucoup plus haut (grand battement).

Il faut veiller à ce que la jambe soit bien tendue pendant l'exécution du battement.

Le rond de jambe à terre te permet de bien travailler l'ouverture de l'articulation de la hanche et donc de perfectionner ton « en-dehors ».

Pour un rond de jambe à terre, Louise est en 1re position…

elle dégage devant…

puis trace un demi-cercle en passant par la seconde…

pour finir en arabesque avant de revenir en 1re position.

Le rond de jambe est aussi un bon exercice pour associer le travail des bras, du buste et de la tête au travail des jambes.

À la fin de l'exercice, Luna monte la jambe derrière en attitude…

Sais-tu que tous les danseurs s'échauffent à la barre avant le spectacle ?

puis l'allonge en arabesque.

Il existe bien d'autres exercices à la barre que les élèves apprennent en fonction de leur niveau.

Les étirements sont les derniers exercices à la barre. Quand tous les muscles sont bien échauffés, on peut faire le pied à la main… ou le grand écart !

Le pied dans la main

Surtout ne t'exerce pas à faire le grand écart seul et sans t'être soigneusement échauffé car tu risquerais de te blesser.

Louise tente le grand écart !

les exercices du milieu

Les élèvent quittent la barre et vont se placer au centre du studio, face aux miroirs. Là, elles vont apprendre de nouveaux pas et travailler de petits enchaînements. Aujourd'hui, Luna et ses amies vont apprendre un adage.

1

Grand plié en 3e position…

2

3

suivi d'un temps lié devant qui se termine en montant la jambe en arabesque…

5

6

et pas de bourrée…

L'adage (comme l'adagio en musique) est une suite de mouvements lents qui permet au danseur de bien exprimer ses émotions.

puis « coupé » derrière la jambe d'appui…

qui se termine en 3e position pied gauche devant pour « enchaîner » l'exercice à gauche.

La pirouette en-dehors au retiré

Les pirouettes, ce sont les tours exécutés sur la demi-pointe ou sur la pointe. Il existe de nombreuses variétés de pirouettes et celles-ci sont très utilisées dans les ballets. Pour le moment, les élèves de la classe d'Estelle ne travaillent pas encore les pirouettes sur un seul pied qui demandent un excellent équilibre, un placement parfait et du dynamisme. Elles apprennent à tourner sur les deux pieds.

Le plié est important car il prépare le saut
et permet de retomber en douceur.
N'oublie pas que dès
que ton pied quitte le sol, il faut que la pointe
se tende jusqu'au bout des orteils.

Les sauts, en danse classique, sont infiniment variés. Les « petits sauts » demandent du « ballon », c'est-à-dire savoir rebondir rapidement et avec précision. Les « grands sauts » demandent de « l'élévation », c'est-à-dire savoir monter le plus haut possible et donner l'impression de rester un instant suspendu en l'air pendant le saut. Tous les sauts doivent donner une impression de légèreté... et il faut bien du travail pour y parvenir !

Le saut le plus simple est le soubresaut qui peut s'exécuter dans toutes les positions (ici en 1re position).

Le grand jeté est l'un des sauts les plus spectaculaires.

Ce qui est le plus difficile, c'est de faire quelque chose avec ses jambes et autre chose avec ses bras. Et, pendant les exercices, on n'a pas toujours le temps de réfléchir. Mais, à force de répéter, les élèves réussissent les enchaînements en liant bien les mouvements.

À la fin du cours, les élèves font encore quelques exercices d'étirement deux par deux, pour travailler la souplesse et les écarts en s'amusant.

l'improvisation

Aujourd'hui, il reste un peu de temps pour faire des exercices d'improvisation. Louise, Paola et les autres sont ravies car elles se sont concentrées et appliquées pendant près d'une heure. Maintenant, elles vont pouvoir se détendre en donnant libre cours à leur imagination et à leur expressivité.

Les élèves se déplacent dans le studio au rythme du tambourin.

Puis chacun doit traverser le studio en marchant ou en sautant à sa façon.

Qu'ont appris les élèves pendant le cours ?

- à exécuter correctement les exercices et à bien contrôler leurs mouvements.
- à mémoriser des enchaînements.
- à essayer de concilier grâce et légèreté avec précision et énergie.

Bien sûr, il faut faire des efforts. Mais les élèves de Martine trouvent que cela en vaut vraiment la peine : réussir un pas nouveau, sentir que l'on progresse, tout cela donne l'envie de continuer.

Voici la fin de la leçon. Avant de regagner le vestiaire, les élèves font **la révérence** qui clôture traditionnellement la leçon. C'est aussi la tradition que les élèves applaudissent à la fin du cours pour remercier le professeur de son enseignement.

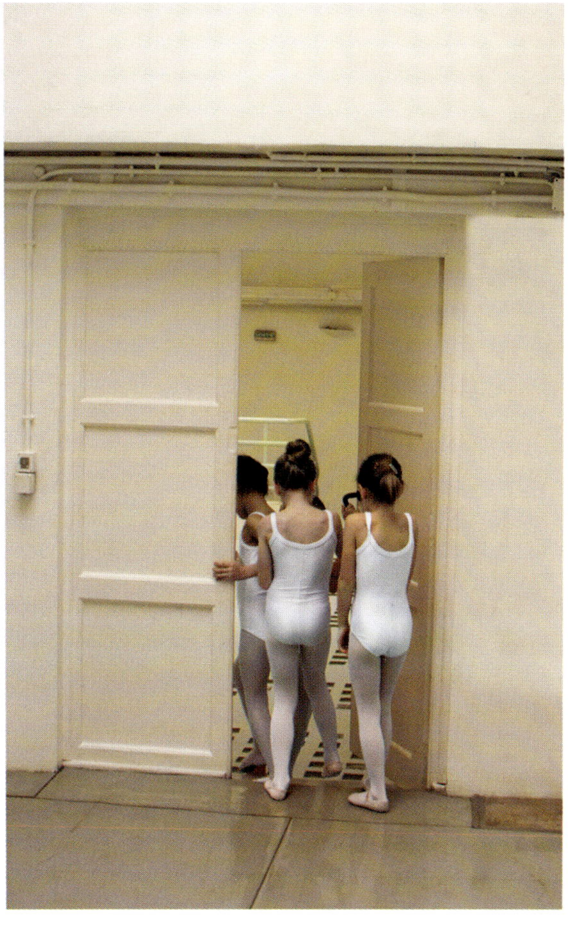

la venue d'une danseuse professionnelle

En février, Martine a prévenu les élèves : Séverine Adamy, danseuse professionnelle, va venir au cours de danse pour parler de son métier et répondre aux questions des enfants. Quelle chance ! Certains espèrent devenir un jour danseur dans une compagnie, d'autres ont juste envie de rencontrer Séverine parce que c'est un événement rare : ce n'est pas tous les jours qu'une grande danseuse revient à l'école pour raconter son parcours à des enfants !

le métier de danseuse

Séverine Adamy est danseuse professionnelle. Comme Louise, Paola et les autres, elle a été l'élève de Martine ! Aujourd'hui, elle est venue répondre aux questions des enfants.

– Quel âge as-tu ?

– J'ai 29 ans. Comme j'ai commencé la danse à 5 ans, cela fait… 24 ans que je danse !

– Comment as-tu commencé ?

– Petite fille, j'ai d'abord pris des cours chaque semaine avec Martine, ensuite il a fallu que je travaille quotidiennement. Plus tard, j'ai intégré le Jeune Ballet de France. Nous sommes partis en tournée pendant un an. Et puis… j'ai travaillé avec des chorégraphes contemporains et j'ai monté ma propre compagnie.

– C'est toi qui fais les chorégraphies ?

– Oui, et je les danse aussi.

Séverine a dansé en duo dans le ballet d'un chorégraphe contemporain : *L'Unique c'est l'autre* de Philippe Tréhet.

– Est-ce que tu voyages ?

– Oui, beaucoup ! Avec le Jeune Ballet de France, nous sommes allés partout dans le monde !

– Danser avec les autres, c'est difficile ?

– C'est compliqué d'être 15 sur une même scène. Tout le monde se déplace en même temps. Mais certains chorégraphes font plutôt bouger les danseurs les uns après les autres…

– Peut-on danser à deux ?

– Oui. En danse classique, un duo s'appelle un pas de deux.

préparer un spectacle

Séverine est aussi chorégraphe. Elle compose elle-même la danse qu'elle interprète ensuite. Tout cela demande beaucoup de travail.

– Combien d'heures par jour travailles-tu ?

– Cela dépend. Lorsque je prépare un spectacle, je travaille 8 heures par jour : il faut élaborer la mise en scène, et puis danser, bien-sûr ! À la barre, je continue aussi à m'exercer 2 heures par jour.

– Mais, même quand on a bien répété, on peut se tromper…

– Oui, cela arrive parfois ! Si l'on est plusieurs sur scène, on peut regarder les autres pour se rattraper. Mais si l'on doit suivre le premier danseur et qu'il se trompe, alors… il faut se débrouiller seul !

– Pour ton prochain spectacle, avec qui danseras-tu ?

– Je danserai toute seule sur scène pendant 40 minutes. On appelle cela un solo.

La chorégraphie

La chorégraphie est l'enchaînement de pas et de mouvements qui constituent le ballet. Le chorégraphe (qui compose la danse) choisit aussi la musique, les costumes, le décor et les lumières avec l'aide des techniciens spécialisés.

quelques pas de danse...

Séverine montre encore quelques mouvements aux enfants. Puis, pour leur faire plaisir, elle se met à la barre pour les accompagner, comme quand elle était élève dans le cours de Martine !

À la fin de la leçon, Martine raconte comment était Séverine quand elle suivait son cours de danse : « Séverine travaillait très sérieusement, comme une adulte ! Et elle avait des qualités physiques qui lui ont permis de devenir danseuse professionnelle. Enfin, elle avait déjà un sens artistique… Une qualité essentielle, car être danseur, c'est être artiste. »

En commençant tôt, on a plus de chances de devenir… une grande danseuse !

le gala de fin d'année

Dès le mois de mars, il faut commencer à préparer le gala de fin d'année. Avant de monter sur scène, il faudra apprendre une chorégraphie, répéter beaucoup, essayer les costumes… et répéter encore ! Voilà maintenant 6 mois que les élèves de Martine prennent des leçons de danse. Tout le monde se connaît bien, il sera facile de répéter ensemble. Cela sera même très amusant car il s'agit d'une berceuse et chacun doit amener son nounours pour la chorégraphie. Préparer un spectacle, c'est toute une aventure.

la préparation du gala

Aujourd'hui, Martine annonce aux élèves qu'il faut se préparer pour le gala de fin d'année. Chacune des classes de l'école de danse présentera un ballet devant les parents et les amis.

En avril, Lean, la couturière, est venue prendre les mesures des enfants pour confectionner une grande partie des costumes du gala. Quelques mamans apportent aussi leur aide et certains costumes, comme les tutus, sont commandés dans des boutiques spécialisées.

Au premier essayage, la couturière vérifie que le costume « tombe » bien et qu'il ne gêne surtout pas les mouvements de l'élève.

Le Lycra brillant, la mousseline légère et le satin chatoyant resplendiront à la lumière des projecteurs.

répétition au studio

Cette année, les élèves du cours débutant vont danser sur une berceuse du folklore cosaque. Le spectacle ne durera pas plus de 3 minutes mais de nombreuses heures de répétition vont être nécessaires pour apprendre les enchaînements de pas et bien les mémoriser. Pour bien se souvenir de ce qu'elles apprennent, Louise et ses amies retravaillent quelques minutes à la maison chaque jour.

Début juin, tous les costumes sont prêts. Les enfants font une répétition en tenue au studio de danse puis ils rangent soigneusement leur costume jusqu'au jour de la répétition générale au théâtre.

Une répétition en costume (dans les théâtres, on l'appelle « la couturière ») permet aux artistes de se familiariser avec leur tenue de scène et de voir s'il faut y apporter d'ultimes retouches.

Accroche soigneusement ton costume sur un cintre et recouvre-le d'une housse plastique pour le protéger de la poussière. Pour le distinguer des autres, il faut coudre à l'intérieur une étiquette avec ton nom.

la répétition générale

C'est le grand jour ! Estelle, Louise et Paola arrivent au théâtre en portant leurs costumes. La répétition générale va se passer dans les conditions du spectacle mais la salle sera vide.

Dans la loge qui est réservée
aux élèves du cours débutant,
les costumes sont soigneusement
suspendus côte à côte,
en attendant que les élèves
se changent.

Dans les escaliers qui mènent
aux coulisses, il règne une
certaine agitation : on rit,
on rajuste son costume...
Mais déjà il est temps
de descendre répéter !

premiers pas sur scène

Sur la scène, les lumières des projecteurs sont éblouissantes et la musique résonne différemment. La répétition générale permet aux danseurs de « prendre leurs marques » sur le plateau et de se familiariser avec l'espace et les éclairages.

Les élèves répètent deux fois en musique. Après le premier passage, Martine apporte quelques corrections. Il faut rester bien concentré, être ensemble et écouter attentivement la musique pour ne pas devancer la mesure.

Le régisseur s'occupe du son et des lumières. Il doit veiller à ce que le plateau soit bien éclairé et la sonorisation parfaite. Installé à son pupitre, il règle les projecteurs et la musique pendant tout le spectacle.

Après un deuxième passage, Martine trouve que c'est beaucoup mieux et donne ses dernières recommandations : « N'oubliez pas de sourire et essayez de ne pas regarder par terre, mais loin au fond de la salle ! »

Les enfants ont le temps de rentrer chez eux avant le spectacle. Il faut se détendre et manger légèrement avant de revenir danser ce soir.

Avant la répétition, Martine veille à ce que rien ne vienne blesser le pied de ses élèves.

Marie étale un peu de colophane sur le plateau afin de le rendre moins glissant.

le maquillage et la coiffure

Sur scène, la distance et les lumières très fortes « gomment » les détails. Le maquillage doit donc être exagéré pour que les visages restent expressifs.

Dans la loge, Isabelle et Pakou, deux maquilleuses professionnelles, ont disposé des fards et des produits de toilette. Dès qu'elles sont habillées, les danseuses viennent se faire maquiller.

Le teint et la bouche

1. On applique une crème hydratante sur le visage pour protéger la peau.

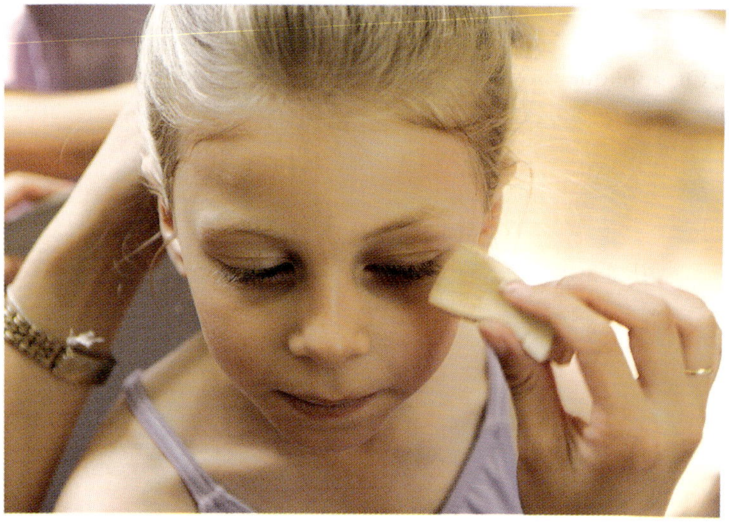

2. Puis on pose du fond de teint à l'éponge humide en tamponnant.

3. On « modèle » le visage avec un fard coloré appliqué au pinceau puis on le poudre pour qu'il ne brille pas.

4. Sur la bouche, on applique du rouge à lèvres avec un pinceau.

Les yeux

1. On applique une ombre à paupières avec un petit pinceau en mousse.

2. Puis on souligne le bord des cils au crayon.

Avant de descendre dans les coulisses, les élèves de Martine vérifient qu'elles sont bien coiffées…

la représentation

Dans la salle, le public commence à s'installer. Le bourdonnement des conversations est perceptible depuis les coulisses où attendent les danseurs...

Estelle a les jambes en coton et l'impression d'avoir oublié tout ce qu'elle doit faire. C'est le trac ! Martine l'aide à respirer lentement à fond... et c'est parti !

Les lumières s'éteignent. Plus un bruit. En silence, les élèves enduisent de colophane la semelle de leurs chaussons, puis sur un signe de Martine, elles rentrent sur le plateau. Et la lumière inonde la scène, la musique démarre, le ballet commence…

Attention, avec le trac, on a tendance à enchaîner très vite les mouvements, alors du calme, écoute bien la musique et compte dans ta tête.

à l'Opéra

Pendant les vacances,
la maman de Marie a réservé
des places à l'Opéra
de Strasbourg. Les enfants
vont applaudir les étoiles
dans « La Belle au
Bois Dormant ». Avant
le lever du rideau,
tout le monde consulte
le livret pour se souvenir
du déroulement de l'histoire.
Marie et ses amies du cours
de danse sont déjà montées
sur scène pour le gala de fin
d'année : cela leur permet de
mieux apprécier le ballet
présenté à l'Opéra. Le décor
est magnifique, les lumières
féeriques… et les danseurs
sont éblouissants. Pour danser
avec autant d'aisance
et de grâce, quel travail !

le vocabulaire de la danse

Adage : (du terme musical adagio) suite de mouvements exécutés sur un rythme lent. Désigne également dans un pas de deux le moment où le danseur et la danseuse évoluent ensemble.

Allegro : (du terme musical du même nom) suite de mouvements rapides et vifs (sauts).

Arabesque : position de la jambe tendue élevée derrière, le danseur étant en appui sur l'autre jambe.

Attitude : position de la jambe, genou fléchi, élevée devant, à la seconde ou derrière.

Ballon : faculté du danseur de rebondir plusieurs fois légèrement (comme un ballon).

Batterie : pendant un saut, les jambes se croisent une ou plusieurs fois (exemple : l'entrechat).

Corps de ballet : dans une compagnie de ballet, ensemble des danseurs qui ne sont pas solistes et exécutent les mouvements de groupe.

Croix (travail en...) : travail des jambes successivement dans chacune des directions ; devant, à la seconde, derrière et à nouveau à la seconde.

Descendre : faire les pas en avançant. Ce terme provient du fait que la scène des théâtres à l'italienne est inclinée en pente douce vers le public : le danseur va donc vers les spectateurs « en descendant » cette pente.

Diagonale : traversée de la scène ou du studio d'un angle à l'angle opposé.

Divertissement : suite de danses ou de variations sans rapport direct avec l'histoire racontée par un ballet, comme « la Fête de la Cloche » dans Coppélia ou au troisième acte de la Belle au Bois Dormant la variation de l'Oiseau Bleu ou celle du Chat Botté.

Élévation : faculté du danseur de bondir « haut » au-dessus du sol pendant les sauts.

Enchaînement : série de pas et de mouvements reliés les uns aux autres.

Les danseuses ont de gros mollets.

Les danseuses sont musclées en raison de leur entraînement physique qui est comparable à celui des grands sportifs… Mais dire qu'elles ont de gros mollets, c'est très exagéré ! L'esthétique de la ballerine a évolué selon les modes et les époques. Aujourd'hui, la silhouette d'une ballerine est fine et allongée grâce à un travail musculaire « en longueur ».

Les danseuses sont anorexiques.

Une danseuse mange à sa faim, sans cela elle ne pourrait pas fournir tous les efforts physiques qui lui sont demandés quotidiennement. Sans énergie et sans force, il est impossible de danser.

Les danseuses marchent en canard.

Tu as vu que le travail de l'en-dehors favorise l'ouverture de la jambe (page 25). Certaines danseuses ouvrent donc parfois légèrement les pieds vers l'extérieur lorsqu'elles marchent. Mais regarde bien autour de toi. Tu verras que d'autres personnes, qui n'ont jamais pris un cours de danse, marchent en canard ! Cela est dû à leur morphologie.

Les danseuses mettent des escalopes dans les pointes pour protéger leurs pieds.

Aujourd'hui, cela ne se fait plus vraiment. On trouve en pharmacie tout le nécessaire pour bien protéger ses orteils. Les fabricants de chaussons proposent aussi des embouts spéciaux et des protège-orteils très efficaces. Et toutes les danseuses savent que le pire moment reste celui où l'on retire ses chaussons !

Le vocabulaire de la danse est français.

C'est vrai. Dans tous les pays du monde, un saut de chat s'appelle un saut de chat, que ce soit en France, au Japon ou en Amérique… seul l'accent change ! Depuis la création de l'Académie Royale de Danse par Louis XIV en 1661, le langage universel de la danse est français.

Il existe plusieurs échelons dans le corps de ballet :
-quadrille,
-coryphée,
-sujet,
-premier danseur,
-étoile (la consécration suprême).
Un concours annuel permet au danseur d'accéder au grade supérieur, mais les places sont rares. Les étoiles, elles, sont nommées par le directeur de l'Opéra sur proposition du directeur de la danse. Seuls quelques danseurs auront cet honneur…

On raconte qu'un fantôme hante l'Opéra de Paris et qu'il se cache au bord d'un lac souterrain. En réalité, il existe seulement un grand réservoir d'eau dans les caves et le fantôme n'est qu'une légende !

les costumes

Les costumes du ballet sont fabriqués sur mesure dans des ateliers.

L'atelier « flou » s'occupe des costumes féminins et l'atelier « tailleur » des costumes masculins. D'autres ateliers sont chargés de la décoration des costumes, créent des bijoux et fabriquent les accessoires.

À l'opéra Garnier, quand un costume est terminé, il va au « Central costume » pour qu'on lui attribue ses accessoires. À la première représentation, les costumes vont au service « habillement » qui s'occupe de leur entretien et se charge de leur distribution dans les loges des artistes.

Ce tutu du ballet *Casse-noisette* a été créé par la célèbre maison Stanlowa.

Le costume est très important : il correspond au rôle interprété par la danseuse ou le danseur et va l'aider à mieux s'identifier au personnage.

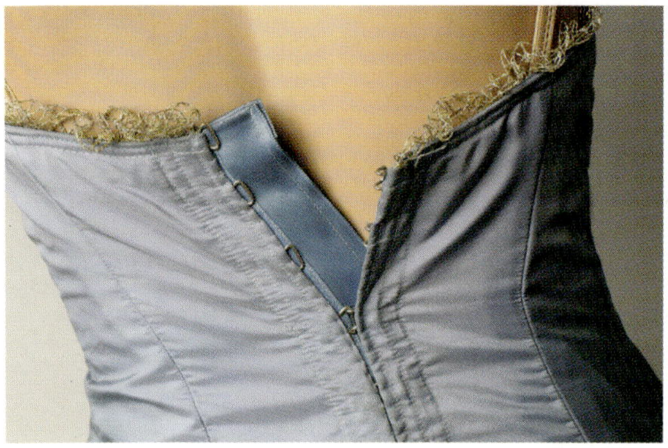

L'aide d'une habilleuse est nécessaire pour agrafer le bustier très ajusté.

Tutu du ballet *La Petite Sylphide*, par Stanlowa

les grands ballets

La Sylphide

Création en 1832 à l'Opéra de Paris
Chorégraphie : Filippo Taglioni
Musique : Jean-Madeleine Schneitzhoeffer

James, un jeune fermier écossais, doit épouser Effie. Mais il tombe amoureux d'une sylphide (génie de la forêt) qu'il poursuit sans parvenir à l'attraper. Il demande de l'aide à Madge, une sorcière, qui lui donne une écharpe : si James réussit à la poser sur les épaules de la sylphide, celle-ci ne pourra plus s'échapper. Mais Madge est furieuse car James ne l'a pas invitée à son prochain mariage. Pour se venger, elle a empoisonné l'écharpe qui va détruire les ailes de la sylphide et la priver de vie.

Giselle

Création en 1841 à l'Opéra de Paris
Chorégraphie : Jules Perrot et Jean Coralli
Musique : Adolphe Adam

Giselle, jeune paysanne, tombe amoureuse d'un jeune homme qui la courtise. Hilarion, le garde-chasse, est jaloux et découvre que le bel inconnu n'est autre que le prince Albert, déjà fiancé à Bathilde, la fille du duc de Courlande. Hilarion révèle la vérité à Giselle qui en devient folle de chagrin et meurt.

Les Willis sont les esprits des jeunes filles mortes d'amour avant leurs noces : elles font danser tous les hommes qui s'aventurent de nuit dans le cimetière jusqu'à ce qu'ils meurent d'épuisement. Elles ensorcèlent Hilarion, puis Albert.

Giselle supplie en vain Myrtha, la reine des Willis, d'épargner Albert. Celui-ci, soutenu par l'amour de Giselle, est finalement sauvé par l'aube qui se lève et les Willis regagnent leurs tombes.

Coppélia

Création en 1870 à l'Opéra de Paris
Chorégraphie : Arthur Saint-Léon
Musique : Léo Delibes

L'histoire se déroule dans une petite ville d'Europe centrale. Frantz est fiancé à Swanilda, mais il tombe sous le charme de Coppélia, aperçue à la fenêtre de la maison de Coppélius.

Swanilda, jalouse, s'introduit dans l'atelier de Coppélius et découvre que Coppélia n'est qu'un automate.

Coppélius revient : Swanilda se cache dans l'atelier. Frantz, lui, est découvert alors qu'il pénètre à son tour dans la maison.

Coppélius le drogue pour prendre son âme : il espère donner ainsi vie à sa poupée. Finalement, Swanilda sauve Frantz et une grande fête est donnée pour leur mariage.

La Bayadère

Création en 1877 au Théâtre Mariinski à Saint-Pétersbourg (Russie)
Chorégraphie : Marius Petipa
Musique : Ludwig Minkus

Solor, noble guerrier indien, est amoureux de Nikiya, bayadère au temple (les bayadères s'occupent du temple où elles habitent et étudient). Mais le Rajah veut le marier à sa fille, Gamzatti.

Nikiya a repoussé les avances d'un prêtre, le Grand Brahmane. Il révèle alors au Rajah que Solor et la bayadère s'apprêtent à fuir ensemble. Le Rajah et Gamzatti décident de se débarrasser de Nikiya.

À l'occasion d'une fête, le Rajah demande à Nikiya de danser. Gamzatti offre à la jeune fille une corbeille de fleurs contenant un serpent. Celui-ci pique Nikiya : elle meurt dans les bras de Solor.

À la veille de son mariage avec Gamzatti, Solor, désespéré, rêve qu'il rejoint Nikiya au Royaume des Ombres. Le jour du mariage, les dieux en colère détruisent le temple. Solor meurt et rejoint ainsi Nikiya pour l'éternité.

La Belle au bois dormant

Création en 1890 au Théâtre Mariinski
à Saint-Pétersbourg (Russie)
Chorégraphie : Marius Petipa
Musique : Piotr Ilitch Tchaïkovski

Au baptême de la Princesse Aurore, chacune des fées présentes lui fait cadeau d'un don. Furieuse de n'avoir pas été invitée, la méchante Fée Carabosse prédit qu'à l'âge de 16 ans, Aurore se piquera avec un fuseau et en mourra. La Fée des Lilas atténue le sortilège : la princesse ne mourra pas mais s'endormira pour cent ans.

Pour les 16 ans d'Aurore, une grande fête est donnée au château. De jeunes princes venus des quatre coins du monde s'empressent autour d'elle.
Plus tard, en dépit des précautions du roi, Aurore se pique à la quenouille d'une fileuse et la malédiction s'accomplit.
Le château endormi et ses habitants plongés dans le sommeil sont protégés par une forêt enchantée.

Au cours d'une partie de chasse, le Prince Désiré s'égare dans la forêt où la Fée des Lilas lui apparaît. Elle lui montre l'image d'Aurore dont il tombe aussitôt amoureux. Le prince part avec la fée jusqu'au château endormi. Après avoir bravé les maléfices de Carabosse, le Prince réveille Aurore d'un baiser.
À leurs noces sont invités l'Oiseau Bleu, le Chat Botté, etc.

Casse-noisette

Création en 1892 au Théâtre Mariinski à Saint-Pétersbourg
Chorégraphie : Marius Petipa et Lev Ivanov
Musique : Piotr Ilitch Tchaïkovski

Au réveillon de Noël, Drosselmeier offre à sa filleule Marie un casse-noisette en forme de soldat. Après la fête, la petite fille s'endort avec son cadeau. Mais, à minuit, tous les jouets s'animent et le casse-noisette, à la tête des soldats de plomb, doit affronter une armée de rats. Il parvient à les vaincre avec l'aide de Marie. Pour la remercier, le casse-noisette, transformé en un beau jeune homme, l'emmène au Pays des Bonbons. Ils survolent la forêt où dansent les flocons de neige et, au Royaume de la Fée Dragée, ils assistent à une série de divertissements : danse du Café, danse des Polichinelles et de la Mère Gigogne, valse des Fleurs… Au matin, Marie se réveille en se demandant si tout cela n'était qu'un rêve.

Le Lac des cygnes

Création en 1895 au Théâtre Mariinski à Saint-Pétersbourg
Chorégraphie : Marius Petipa
Musique : Piotr Ilitch Tchaïkovski

En Allemagne, le Prince Siegfried, qui fête ses 21 ans, est pressé par sa mère de choisir une épouse. Parti à la chasse, il s'étonne de voir un cygne se transformer en une belle jeune fille. C'est Odette, que le méchant magicien Rothbart a changé en cygne et qui ne peut retrouver sa forme humaine que la nuit. Seul un amour sincère pourra rompre ce maléfice. Siegfried promet à Odette de lui être fidèle et de la sauver.

La mère du Prince organise un grand bal auquel assistent des jeunes filles venues du monde entier. Aucune d'elles ne semble séduire le jeune homme. Mais voici qu'arrive Rothbart déguisé, accompagné de sa fille Odile. La troublante ressemblance de celle-ci avec Odette trompe Siegfried qui lui demande de l'épouser. Le Prince découvre trop tard la supercherie et court demander pardon à Odette. Hélas, le sort ne peut plus être rompu et, désespérés, Odette et Siegfried se jettent dans le lac… ainsi, ils sont unis à jamais.

on dit souvent que...

Il ne faut pas commencer la danse classique avant 8 ans.

La danse classique est une discipline qui demande rigueur, attention et une certaine résistance physique. C'est vers 7 ou 8 ans que tu commenceras vraiment l'apprentissage. Avant cela, tu pourras suivre un cours d'initiation comme celui de Martine.

Certains ne peuvent pas faire de danse classique.

La danse classique est un excellent exercice qui s'adresse à tous... à condition d'être en bonne santé ! Ensuite, selon leur physique, certains apprendront la technique plus facilement que d'autres. Comme pour tous les sports, tu devras fournir un certificat médical lors de ton inscription dans un cours de danse.

Si on fait de la danse, on ne doit pas pratiquer d'autres sports.

Tu peux pratiquer d'autres sports, bien sûr ! Certains, comme le patinage ou la gymnastique, s'accordent même très bien avec la danse. Les danseurs professionnels, eux, ne font pas d'équitation ou de ski (par exemple) en raison des risques d'accident qu'ils peuvent provoquer... difficile d'assurer la représentation avec une jambe dans le plâtre !

Les danseuses sont cambrées.

Tu apprendras à ton cours de danse qu'il ne faut surtout pas cambrer. Bien au contraire, il faut allonger le dos bien droit et ne pas faire ressortir les fesses, ni le ventre.

le spectacle

La salle de spectacle, toute habillée d'or et de rouge, semble immense avec ses balcons qui s'élèvent sur plusieurs étages. Le grand lustre de cristal scintille sous le plafond peint.

Marie aimerait faire partie du ballet de l'Opéra de Paris, le plus prestigieux de France… Avant que les lumières ne s'éteignent, sa maman explique aux enfants que, pour entrer à l'école de danse de l'Opéra, il faut avoir entre 8 et 11 ans et suivre au minimum six années de cours. À la fin de chaque année, il faut passer un examen pour être accepté dans la section supérieure. L'entrée dans le corps de ballet de l'Opéra se fait ensuite sur concours.

Il peut arriver que tu entendes des applaudissements derrière le rideau alors que le spectacle est terminé et que les spectateurs quittent la salle. Cela veut dire qu'une nouvelle étoile vient d'être nommée. Les nominations se font généralement rideaux fermés à l'issue d'une représentation.